Wie deine Sehnsucht grünt

camino.

gemeinsam auf dem Weg

Paul Weismantel

Wie deine Sehnsucht grünt

Segensgebete

camino.

Bildnachweis:
Titelbild: © istock.com, Jeja
S. 12/13: © unsplash.com, Mohamad Zaheri
S. 28/29: © unsplash.com, Melanie Hughes
S. 42/43: © shutterstock.com, Sergieiev
S. 58/59: © shutterstock.com, ArtmannWitte
S. 76/77: © unsplash.com, Letti Schm
S. 90/91: © unsplash.com, Aleksandr Eremin
S. 100/101: © unsplash.com, Samuel Zeller
S. 114/115: © unsplash.com, Akira Hojo
S. 126/127: © unsplash.com, Luca Upper
S. 140/141: © unsplash.com, Kyran Aldworth
S. 160/161: © unsplash.com, Fischer-twins
S. 176/177: © unsplash.com, Eberhard Grossgasteiger

1. Auflage 2019
Ein camino-Buch aus der

Gestaltung und Satz: Finken & Bumiller, Stuttgart
Hersteller gemäß ProdSG:
Druck und Bindung: Finidr s.r.o.,
Lípová 1965, 737 01 Ceský Těšín, Czech Republic
Verlag: Verlag Katholisches Bibelwerk GmbH,
Silberburgstraße 121, 70176 Stuttgart

www.caminobuch.de
ISBN 978-3-96157-115-4
Auch als E-Book unter ISBN 978-3-96157-970-9 erhältlich.

Inhalt

Ein Wort zuvor – alles in allem

Die neue Wortschöpfung „Waldbaden“ hat großes Interesse und Echo ausgelöst. Mittlerweile gibt es Anleitungen und Kurse darüber, wie man sich diese besondere Badeart vorzustellen hat. Ganzheitlich, mit allen Sinnen sollen Menschen eintauchen in die Welt des Waldes: in seinen Duft und Wohlgeruch, in seine Geräusche, Stimme und Klänge, in sein Wesen und Wirken, in seine Grünkraft und Heilkraft. Manche prominente Leute lieben das Bad in der Menge; Waldbaden will Menschen auf den Geschmack bringen, den Wald als einen bevorzugten Raum in Gottes Schöpfung zu entdecken und zu schätzen.
Saftige Wiesen und Wälder können einem in den Sinn kommen, wenn man sich den Titel dieses Buches zu Gemüte führt. Dabei geht es nicht um Wiesenwanderungen oder Waldspaziergänge, sondern um Wege und Orte, wo die Sehnsucht grünt und blüht, wächst und Frucht bringt.
Angelehnt und leicht abgewandelt an einen Liedruf, den ich gerne singe, lade ich ein, sich mit seinen Worten und Bildern einzustimmen:
„Wo die Sehnsucht grünt, blüht das Leben auf. Hoffnung wächst, die trägt, Träume werden

wahr, denn wo Sehnsucht grünt, da wohnt Gott, wo Sehnsucht wacht, da wohnt Gott."
Buchstabierend beten und betend buchstabieren wollen die Texte einladen und Räume eröffnen, um sich geistesgegenwärtig dem Geheimnis Gottes zu nähern oder sich dessen innezuwerden oder es in sich wirken zu lassen.
„Alles beginnt mit der Sehnsucht." So bekennt die Poetin und Prophetin Nelly Sachs.
„Die Sehnsucht ist unser Bestes." So betont die heilige Kirchenlehrerin Katharina von Siena.
„Atmest du in Sehnsucht?" So fragt Jesus, der Auferstandene.

Die zwölf Kinder eines Jahres sind uns als die zwölf Monate namentlich bekannt. Jeder dieser Namen hat seine Geschichte und seine Bedeutung. In einem dieser Monate sind wir geboren; in einem begehen wir einen besonderen Gedenk- und Erinnerungstag oder Todestag eines lieben Menschen; in einem anderen feiern Eheleute ihren Hochzeitstag, Freunde ihren Kennenlerntag, Ordensleute ihren Profess-, Priester ihren Weihetag. In zwölf Kapitel gliedern sich die Gebetstexte dieses Buches – in den sich öffnenden und schließenden Kreisen des Lebens mit den wiederkehrenden und sich wiederholenden Gezeiten und Momenten der Sehnsucht. Doch in allem liegt Gottes reicher Segen.

Alles in allem

Hin und wieder möge sich
in einem Augenblick der Gnade
im Alltäglichen und Gewöhnlichen
der Himmel öffnen für das
Besondere und Göttliche.

Es möge uns geschenkt sein,
uns an viele geglückte Feste
zu erinnern im Freundes- und
Familienkreis, an denen die
Festtagsteufel frei hatten.

Wenn wir das Zeitliche
eines Tages segnen,
mögen wir versöhnt schauen
können auf den im Ertragen
verwandelten Liebeskummer.

Es möge uns einleuchten,
wie viel Entbehrtes und
Ersehntes uns hat wachsen
und reifen lassen, uns beten
gelehrt hat und zu harren.

Wenn dereinst die letzte Stunde
naht, mögen wir den Schöpfer
loben und preisen für die
verborgenen und entdeckten
Gnaden zu jeder Lebensjahreszeit.

Es möge uns immer wieder
locken und leiten, das Herrliche
und Wunderbare allüberall
wahrzunehmen und beim
Namen zu nennen.

Unser Schöpfer gewähre uns
die Gunst, in allem Geahnten
seine Spuren zu finden, um
darin seine Nähe und Treue
sichtbar zu erkennen.

Geschwächtes und Geschätztes
möge uns daran erinnern,
dass Gott uns in allem erwartet,
wenn wir nur geistesgegenwärtig
und empfänglich dafür sind.

In seiner allumfassenden Treue
lasse Gott uns immer wieder neu
erkennen, dass da, wo wir gerade
stehen, der Ort ist, wo der Himmel
die Erde berührt und küsst.

Durch alles hindurch, was uns an
Schönem und Schmerzlichem
widerfährt, was uns zugedacht
und zugemutet wird, schenke
Gott uns die Gnade, zu wachsen.

Zur Freundschaft hat uns Jesus
erwählt, damit wir nicht in der
Knechtschaft stecken bleiben,
sondern reiche Frucht bringen
für Zeit und Ewigkeit.

Vor allem, bei allem und in allem,
was wir anfangen oder beenden,
was uns stärkt oder schwächt,
was wir anpacken oder abgeben,
was uns glückt oder scheitert,
sei der Segen Gottes nahe und
wirksam, hilfreich und mächtig.

PAUL WEISMANTEL

1. Alltägliches und Gewöhnliches

In Gottes Namen

Jeder Neuanfang,
jeder Tagesanbruch,
jeder erste Schritt
sei gesegnet
mit Gottes Hilfe.

Jedes wahre Wort,
jeder frohe Gruß,
jede gute Idee
sei gesegnet
mit Gottes Weisheit.

Jede Zuneigung,
jeder Herzenswunsch,
jedes Hoffnungszeichen
sei gesegnet
mit Gottes Güte.

Jeder Augenblick,
jede Unterbrechung,
jeder Abschiedsschmerz
sei gesegnet
mit Gottes Ruhe.

Aller guten Dinge …

… sagt das Sprichwort,
seien drei, vielleicht sind
es aber manchmal auch
fünf oder acht oder elf.

Wenn ich mich an die
drei, fünf oder mehr
Momente erinnere,
in denen ich mir
geglückt bin.

Als ich beim
Spiel ganz und gar
bei und zugleich
völlig außer mir war.

Wenn ich mir drei
oder vier Bilder in den
Sinn kommen lasse, wo ich
im Staunen überwältigt war.

Als beim Schauen auf die
untergehende Sonne alle
Schwere von mir abfiel und
ich mich frei wie ein Vogel fühlte.

Wenn ich durch ein paar
tiefe Atemzüge wahrnehme,
wie es in mir atmet und mich
die Atemkraft durchströmt.

Als mir ein Klang so zu Ohren
drang, der mich mitten ins
Herz getroffen, mich zutiefst
gemeint, überwältigt und verwundert hat.

Wie wir leben

„Wir leben,
einzeln und frei wie ein Baum
und geschwisterlich wie ein Wald
ist unsere Sehnsucht“,
so sagt es ein östliches Sprichwort.

Gepflanzt
als Bäumchen
auf hartem, kargem,
steinigem Grund und Boden,
aber auch an Wasserquellen

und murmelnden Bächen,
wie es im ersten Psalm steht.

Gewachsen,
auch unter widrigen
Umständen,
gereift, auch bei
widrigen Winden und
Wettern, Sonne und Regen
in den Jahreszeiten des Lebens.

Wie wir leben, so können
wir auch beten. „Herr, wie ein
Baum, sei vor dir mein Leben,
Herr, wie ein Baum, sei vor dir
mein Gebet ...“, so formuliert es
der vor kurzem verstorbene
Pfarrer Lothar Zenetti.

So besingt es die Gruppe
„Taktwechsel“ in einem
ihrer Lieder und lädt damit ein,
sich betend im Erdreich
zu verwurzeln und sich gleichzeitig
nach der endlosen Weite
des Himmels auszustrecken.

Wie wir leben, so wollen wir
auch beten:
persönlich und gemeinsam,
gut geerdet und gehimmelt,
bodenständig und begeistert,
um die Frage nach Gott nie
verstummen zu lassen.

Segensfülle

Bei allem Werden und Vergehen
soll Segensfülle dich umwehen,
bei guten und lästigen Dingen,
in allem Scheitern und Gelingen.

Bei allem Kommen und Gehen
soll Segensfülle dir beistehen,
beim Gewesenen und Neuen,
im Abschiedsschmerz und Freuen.

Bei allem eigenen Tun und Lassen
soll Segensfülle dich erfassen,
beim Leichten und Schweren,
im Verkosten und Entbehren.

Bei allem Ja und Amen sagen
soll Segensfülle dich stets tragen,
beim Erschrecken und Schönen,
im Gewohnten und Entwöhnen.

Ja und Nein

Ich muss nicht
immer zu allem
„Ja und Amen“
sagen.

Ich kann auch
„Nein, so nicht“
sagen, wofür ich
kaum ein Lob ernte.

Jesus sagt uns:
Eure Rede sei: Ja ja, nein nein;
was darüber hinausgeht,
stammt vom Bösen. (Mt 5,37)

Ein wahres, hartes und
radikales Wort, um
klarer, echter und
entschiedener zu leben.

Um das tagtäglich zu üben,
brauche ich viel Mut,
starken Willen und endlose
„Geduld, die jedoch alles erreicht“,
wie schon Teresa von Avila sagt.

Ein dreifaches Hoch auf den Humor

Hoch soll er leben, dreimal hoch,
der Humor, der uns gekonnt und
geschickt in Kürze mit Würze
an die guten Seiten erinnert.

Hoch soll er leben, dreimal hoch,
der Humor, wenn wir dabei sind,
uns viel zu wichtig zu nehmen und
nicht mehr über uns selbst zu lachen.

Hoch soll er leben, dreimal hoch,
der Humor, der uns mit köstlichem
Charme und reichlicher Fantasie
zu viel mehr Geduld befähigt.

Hoch soll er leben, dreimal hoch,
der Humor, wenn wir vergessen,
wo unsere verborgenen Kraftquellen
liegen, um aus ihnen zu schöpfen.

Hoch soll er leben, dreimal hoch,
der Humor, der uns jenen Marsch bläst,
der sämtliche Angst- und Plagegeister
austreiben und verjagen will.

alltags-tauglich

Alltagstauglich will ich
heute leben, indem ich
die Kunst der kleinen
Schritte übe mit den
großen Zauberworten:
„bitte – danke – schön!“

Alltagstauglich will ich
heute sein, indem ich
die Haltungen der drei
kleinen Tugenden in
Tat und Wahrheit pflege:
„achtsam – tapfer – treu!“

Alltagstauglich will ich
heute bleiben, indem ich
möglichst gut auf den
folgenden Dreiklang achte,
um ihn auch zu befolgen:
„bedacht – beherzt – bereit!“

Heute

Heute gönne ich mir
einen Augenblick der Gnade,
indem ich zum Himmel aufblicke,
die Wolken betrachte oder
sogar auf einer schwebe.

Heute erteile ich mir
die Erlaubnis, meinen Blick
nach Innen zu richten, auf
meinen Atem zu achten, um
so eine Atempause einzulegen.

Heute gestatte ich mir
ein paar Momente, in denen ich
mit allen meinen Sinnen einfach
voll und ganz da bin, ohne etwas
leisten oder beweisen zu müssen.

Heute erlaube ich mir
öfter mal eine kleine Unterbrechung
zum Innehalten und Verweilen, um
zu beachten, wann weniger mehr ist,
um in aller Ruhe gelassen zu werden.

Segen der ersten Eindrücke

Lass dich segnen
von den Spuren,
die von den ersten
Eindrücken in deiner
Seele geblieben sind.

Lass dich segnen
von den Lockrufen,
die du aus den ersten
Eindrücken hörst, um
erneut aufzubrechen.

Lass dich segnen
von den Verheißungen,
die du aus den ersten
Eindrücken erkennst,
um ihnen zu trauen.

Lass dich segnen
von den Einladungen,
die dich aus den ersten
Eindrücken ansprechen,
um sie anzunehmen.

Lass dich segnen
von den Anfragen,
die sich dir durch die ersten
Eindrücke stellen, um sie
entsprechend zu beantworten.

Lass dich segnen
von den Herausforderungen,
die mit den ersten Eindrücken
einhergehen, um selbstbewusst
auf sie einzugehen.

Lass dich segnen
von den Warnungen,
die dir aus den ersten
Eindrücken entgegen-
kommen, um sie gut
zu beachten.

Dreimalige Frage

Das erste Wort
aus Jesu Mund
im Johannesevangelium
stellt den Jüngern und
uns die Frage:
„Was sucht ihr?“ (Joh 1,38)

Was suche ich?
Manchmal sagen
Menschen zueinander:
„Du hast hier nichts zu suchen!“
Bei Gott können wir
immer Suchende bleiben.

Das zweite Mal fragt
Jesus am Ölberg (zweimal)
bei seiner Gefangennahme
die Soldaten: „Wen sucht ihr?“ (Joh 18,4 und 18,7)

Die dritte Frage nach der Sehnsucht
stellt Jesus der weinenden Magdalena
in der österlichen Morgendämmerung
am Grab zweimal: „Wen suchst du?“ (Joh 20,15)

Was suche ich?
Suche ich ihn?

2. Festliches

Gute Meinung

Alles zur größeren Ehre Gottes,
alles meinem Gott zu Ehren,
alles von ihm her und auf ihn hin,
alles ihm anvertrauen und überlassen,
alles, ja gar alles, ohne Wenn und Aber.

Alles, was ich heute höre und sage,
alles, was ich heute denke und tue,
alles, was ich heute ordne und plane,
alles, was ich heute fühle und frage,
alles in allem und bei allem.

Alles, wozu ich heute bereit bin,
alles, wozu ich heute Lust habe,
alles, wovor ich heute Angst habe,
alles, wovor ich mich heute fürchte,
alles, was mir heute am Herzen liegt.

Alles, worauf ich heute achte und schaue,
alles, wonach ich mich heute sehne,
alles, wofür ich mich heute einsetze,
alles, woraus ich heute Kraft schöpfe,
alles meinem Gott zu Ehren.

Nur ein Lied

Ein Lied will ich dir singen
vom Fernweh und Heimweh,
von Sehnsucht und Freundschaft,
um dich damit zu erfreuen.

Mein Lied will ich dir singen
von Glanzlichtern und Schatten,
Schätzen und Scherben
meines Weges.

Wenn dein Lied und mein Lied
einander begegnen und ergänzen,
können sie gemeinsam erklingen
als Applaus für das Leben.

Sie steigen zum Himmel empor
und wir können mit ihnen unsere
Herzen und Stimmen erheben.

Als Lobgesang sollen sie erschallen,
damit wir vom Jubel der Engel
erfüllt und beflügelt werden.

singen, spielen, tanzen

Diese drei bevorzugten Aktivitäten
von Engeln und Kindern haben
keinerlei praktischen Nutzen,
aber einen tiefen Sinn.

Im Singen schlummern heilende
Kräfte, die in Kindern und Alten
geweckt und entdeckt werden
wollen, um wirken zu können.

Beim Spielen kommt der Mensch
ganz und gar zu sich selbst und
wächst zugleich völlig über
sein eigenes Ich hinaus.

Durch Tanzen erleben Menschen
persönlich und in Gemeinschaft,
wie Leib und Seele zusammen-
schwingen und sich bewegen.

Darum können wir diese drei
guten Dinge gar nicht oft genug
üben und bewusst genug pflegen,
um uns von ihnen prägen zu lassen.

Tag der offenen Tür

Tagtäglich gehen wir durch
viele Türen; manche Haus-
und Herzenstüre bleibt
uns auch verschlossenen.

An vielen Orten finden
Tage der offenen Tür statt,
bei der Neueröffnung von Läden,
in Supermärkten und Museen,
in Einrichtungen und Betrieben,
in Kirchen und Klöstern.
Die offene Tür spricht
immer eine Einladung aus,
durch sie hineinzugehen,
sich umzuschauen und
manches zu erkunden
oder zu erfahren.

Wer durch eine offene Tür
geht, wird nicht vereinnahmt,
zu nichts gezwungen oder
genötigt, sondern kann frei
entscheiden, ob und wie
lange er bleibt.

Jesus stellt sich uns als
offene Tür vor, durch die
wir hinein- und ausgehen
können, um Tiefe und Weite,
Geborgenheit und Freiheit,
Wurzeln und Flügel
zu erfahren.

Die gute Weide und der
Ruheplatz am Wasser,
zu dem der Gute Hirte
führt, ist immer die Weite
seines Herzens und die
Nähe seiner Treue.

Bei Jesus ist jeder neue Tag
ein Tag der offenen Tür.

Fröhliche Urständ

In einem altehrwürdigen Osterlied aus der Feder des bekannten Jesuiten Friedrich von Spee, von dem wir auch das starke Adventslied „O Heiland, reiß die Himmel auf" oder für Weihnachten das „Zu Betlehem geboren" kennen, spricht er von den fröhlichen Urständ und der österlichen Grünkraft. In der schweren Zeit des Dreißigjährigen Krieges verkündet und verbreitet er 1623 die gesungene christliche Lebensfreude, die uns heute genauso gilt. Zur wahren Lebensfülle kann uns dieses alte Lied in unserer heutigen Zeit neu ermutigen, einladen und auffordern. Im Gotteslob findet man es unter der Nummer 332. Mit den folgenden Gedanken möchte ich es in unser derzeitiges Leben übersetzen und hineinbuchstabieren. Dazu habe ich die erste, dritte und fünfte Strophe ausgewählt.

„Die ganze Welt, Herr Jesu Christ, in deiner Urständ fröhlich ist."
Feiern wir diese Urständ gebührend als Ursprung und Quelle unserer Hoffnung!
Lassen wir uns anstecken und mitreißen von dieser österlichen Lebensqualität und Lebensfreude!
Teilen wir diesen guten Grund unseres Lebens, indem wir uns im Alltag daran erinnern und daraus schöpfen!

„Jetzt grünet, was nur grünen kann, die Bäum zu blühen fangen an.“
Lassen wir uns vom aufblühenden Leben der Bäume im Frühjahr berühren und begeistern, erstaunen und bezaubern!
Gehen wir mit offenen Augen und wachen Sinnen durch die Welt, um die grünenden Hoffnungszeichen wahr- und in uns aufzunehmen!
Fangen wir selbst – wie die Bäume und mit ihnen – neu an aufzublühen, aufzuatmen, aufzuwachen und aufzustehen, um in die österlichen Gänge zu kommen!

„Der Sonnenschein jetzt kommt herein und gibt der Welt ein neuen Schein.“
Achten und beachten wir den neuen Schein und das neue Sein, auf das uns der Dichter da hinweist!
Schauen wir auf zur Sonne, wenden wir ihr unser Gesicht zu, dann fallen die Schatten hinter uns!
Öffnen wir unsere Herzen und Lebensräume für die leuchtenden Strahlen der aufgehenden Ostersonne mitten im grauen Alltag!

Im Nachklang

Fröhliche Urständ
feiern wir, wenn
wir werden wie
Kinder, die sich
einfach unbändig
freuen können.

Fröhliche Urständ
verkosten wir, wenn
wir wie die Engel
und Kinder
singen, spielen
und tanzen.

Fröhliche Urständ
erleben wir, wenn
es uns gelingt,
ursprünglich,
spontan und
lebendig zu sein.

Fröhliche Urständ
verbreiten wir, wenn
wir unser Lebenslied
in seiner je eigenen
Melodie erklingen
und erschallen lassen.

Ein Fest feiern

Ein Fest lebt
von seiner Vorfreude,
der Vorbereitung,
den Planungen,
der Spannung und
inneren Aufregung.

Ein Fest lebt
von seiner Gestaltung,
den Beteiligten,
von Freunden und Gästen,
die sich einbringen,
mithelfen und mitfeiern.

Ein Fest lebt
von seiner Zustimmung,
der Atmosphäre und Lieder,
seinem Glanz und Schmuck,
von Geschenken und Zeichen,
seinem je eigenen Zauber.

Jesus hatte und hat auch heute
eine Vorliebe für gefeierte Feste.

Geliebte Fest-tage

Ihr seid ein Segen,
ihr großen Feste im
Laufe des Lebens und
im Kreislauf eines Jahres.

Gesegnet sind die Tage,
an denen wir das freudige
Ereignis eines neuen
Menschenkindes oder
Geburtstage feiern.

Wie viel Segen bringst
du alle Jahre wieder, du Fest
der Gottesgeburt und seiner
Menschwerdung an Weihnachten.

Du bereitest vielen viel Freude,
wenn wir uns im Advent wieder
auf dich vorbereiten und den
erwarten, der den Frieden bringt.

Wie viel Segen als Hoffnung,
als Glück und Erwartung teilen
wir, wenn wir über die Schwelle
des alten ins neue Jahr gehen.

Wie viel Segen verbreitest du
in jedem Frühjahr, wenn wir Ostern
feiern, das Fest der Auferstehung
und des Aufstands Jesu für das Leben.

Du mahnst uns zur Erneuerung
und Besserung unseres Lebens,
zur geschenkten Versöhnung und
einem geglückten Neuanfang.

Wie viel Segen schenkst du uns,
du Geistesgegenwart Gottes, wenn wir
an Pfingsten dein Wehen und Knistern,
deine funkelnden Feuerzungen begehen.

Unser Leben wäre arm, wir Menschen
würden verkümmern, wenn es die Feste
nicht gäbe, an denen Gott uns in sein Herz
schauen lässt und unsere Freude erneuert.

Gott krönt das Jahr und seinen Kreis
mit seinem Segen an den Höhepunkten
der großen Feste, damit wir auch in den
Niederungen des Alltags davon zehren.

3. Zeitliches

Eröffnung

„Herr, öffne meine Lippen",
so beginnt das offizielle Morgengebet
der Kirche – in manchen Gemeinschaften
sogar mit dreimaliger Wiederholung.

Die Antwort der Gläubigen lautet:
„Damit mein Mund dein Lob verkünde!"

Ja, Gott, öffne du meine Lippen,
damit die gesprochenen Worte, die
meinen Mund verlassen,
deinem Lob dienen und dir
zur Ehre gereichen.

Wenn ich so achtsam und bedacht
mit meinem Mundwerk umgehe,
dann wird auch die Wahl meiner Worte
eine gute und besonnene werden.

Dann werden meine Worte keine
giftigen Pfeile oder andere Waffen,
Geschütze oder Geschosse, sondern
Werkzeuge des Friedens.

Wenn ich mir so bewusst sage und
sagen lasse, dass du es bist, der durch
meinen Mund und meine Worte
zu den Menschen sprechen soll,
werde ich zu einer bewohnbaren
Sprache beitragen.

Dann kann sich mein Wort
hören und sehen lassen,
dann wird es ein Wort,
das gilt und hält und so
wirkt, wie du es willst.

Verhilf du mir, du Urwort und
Ursprung des Wortes und
Schöpfer aller Sprachen,
zu einem würdigen Sprechen.

Nimm dir Zeit

„Ein Mensch in seiner Zeit
hat keine Zeit, um Zeit
zu haben für alles ..."

So beschreibt der jüdische
Dichter Jehuda Amichai
unsere häufig beklagte Zeitnot.

Nicht für alles kann ich Zeit
haben, mir aber wohl Zeit
nehmen für diesen oder jenen
Menschen, diese oder jene Sache.

Wie geht es mir mit meiner Zeit?
Womit verbringe ich oft Zeit?
Mit wem teile ich meine Zeit?
Wie gestalte ich meine Zeit?

Immer bleibt es ein Geheimnis,
wie schnell die Zeit vergeht,
wie sie ständig neu entsteht.

Es erschreckt mich, zu sehen,
wie Menschen ihre Zeit vertreiben,
tot schlagen oder anderen stehlen.

Nimm dir Zeit, lass dir Zeit,
schenk dir und anderen Zeit;
Gott tut es auch.

Heute Morgen

Heute Morgen
möge Gottes
Segen dich
umhüllen und
erfüllen mit
allen seinen
guten Gaben.

Mit aller seiner
Kraft möge Gottes
Segen dich heute
Morgen erfreuen
und erheitern
für dein neues
Tagewerk.

Durch alle seine
Engel und Boten
möge Gottes
Segen dich heute
auf deinem Weg
lenken und leiten,
führen und stützen.

Von allen Seiten
möge Gottes
Segen dich heute
umgeben und wärmen
in jeglicher Kälte,
erfrischen und kühlen
in allem Hitzigen.

Abendlied

Mein Abendlied, o Gott,
mag leise dir erklingen
und all die vielen Wunder
noch einmal besingen.

Mein Tagewerk, o Gott,
bring ich bei dir zur Ruh,
wie nah und fern bist du.

Mein Dankgebet, o Gott,
ruft mit dem Abendstern dir zu,
wie groß und gut bist du.

Mein Fragelied, o Gott,
ertöne auch besorgt dir zu,
wo warst und bist jetzt du?

Mein Liebeslied, o Gott,
neigt sich beglückt dir zu,
wie stark und zart bist du.

Mein Kummerlied, o Gott,
steigt tränenreich dir zu,
wie traut und fremd bist du.

Dein Segenslied, o Gott,
schließt mir die Augen zu,
wie wahr und treu bist du.

Werktag

Diesen heutigen Tag,
der ein gewöhnlicher
Werktag ist, will ich
mit einem Segensritual
gebührend begrüßen
und verabschieden.
Diesen heutigen Tag,
der, wie jeder Tag,
einmalig und einzigartig,
unwiederholbar und
darum heilig ist, will
ich als Segen betrachten.

Diesen heutigen Tag,
der Gottes Geschenk
und seine Zeit mit mir
ist, will ich seinem
Segen zuschreiben und
ehrfürchtig begehen.

Diesen heutigen Tag,
der so viel Wunderbares
in sich birgt, will ich
als reichen Segen
in Ehren halten.

Diesen heutigen Tag ...

Tageszeiten

Morgen, Mittag, Abend und Nacht
hat Gott der Schöpfer für uns erdacht,
damit wir die Zeit ehren und achten,
sie mit Würde und Andacht betrachten.

Jeder neue Morgen erinnert an den
ersten Schöpfungsmorgen, an dem
Gott gesprochen hat: „Es werde Licht!"
Und so geschah es.

So geschieht es immer wieder,
nach langer dunkler Nacht, wenn
Gott seine Sonne und dir deine
Augen erneut aufgehen lässt.

Jeder Mittag lädt ein, zur Höhe
aufzuschauen, weit hinaus über
den oft so engstirnigen Horizont
des tagtäglichen Kleinkrams.

Jeden Abend lässt Gott seine
Sonne untergehen, damit der Mensch
sein Tagewerk zur Ruhe bringe und
sich birgt in den Räumen der Nacht.

Jede Nacht will Gott dir deine Kräfte erneuern in aller Ruhe und Stille des tiefen Schlafes und dich in deinen Träumen geheimnisvoll umarmen.

In den vier verschiedenen Gewändern der Gezeiten eines einzigen Tages begegnet uns ein und derselbe Gott, der alle unsere Lebenstage bildet und zählt.

Sonntag

Zur Feier des Sonntags
kann ich seinen besonderen
Segen erbitten und empfangen.

Zur Gestaltung des Sonntags
kann ich seinen Segen mit vielen
teilen, denen ich verbunden bin.

Zur Vertiefung des Sonntags
kann ich mich von seinem Segen
in Gott verwurzeln lassen.

Zur Erhebung des Sonntags
kann ich seinen guten Segen
mit allen Sinnen verkosten.

Zur Belebung des Sonntags
kann ich mir seinen Segen
unter die Haut und zu Herzen
gehen lassen und nehmen.

Zur Heiligung des Sonntags
kann ich seinen Segen erfahren
im gefeierten Gottesdienst, indem ich
Leben und Glauben mit anderen teile.

Zur Erhaltung des Sonntags
kann ich mich an seinem Segen
erfreuen zu Hause, in der Kirche,
unterwegs
und an vielen anderen Orten.

Segen für das Wochental

Die Räume und Träume
dieser neuen Woche
mit ihren Bildern und Boten,
möge Gottes Geistkraft erleuchten.

Die Farben und Grauzonen
dieser einen Woche mit ihrem
Wechselspiel von Schatten und Licht
möge Gottes Gegenwart umfangen.

Die Klänge und Töne
dieser jetzigen Woche mit ihren
scheuen und leuchtenden Momenten
möge Gottes Wirkmacht durchdringen.

Die Orte und Worte
dieser Siebentagewoche mit ihren
ungeplanten Freuden und Schrecken
möge Gottes Fürsorge umarmen.

Die staubige Durststrecke
in den öden Niederungen
einer zähen Alltagswoche
begleite Gott mit einigen
bunten Farbtupfern.

Den oft schmalen Pfad
durch das mühsam
langwierige Wochental
erhelle Gott mit der Vorfreude
auf kleine Höhepunkte.

Die steile Gratwanderung
in den anstrengenden
Situationen der Woche
entlaste Gott mit viel
heiterer Gelassenheit.

Das Pensum der Aufgaben
mit Erwartungen und Pflichten
im Spannungsbogen der Woche
erleichtere Gott mit genügend
Langmut und Geduld.

Schwäche(l)n

Oft erleben wir uns im Alltag
mit gemischten Gefühlen,
zwischen mehreren Stühlen.

Wir nehmen nicht nur unsere
Stärken und Schwächen wahr,
sondern Vieles dazwischen.

So auch das Kränkeln oder
Schwächeln zwischen unserem
Gesund- oder Kranksein.

Auch dafür brauchen wir die
Alltagstugend der großen Geduld,
die man oft den Engeln und Eseln
zuschreibt.

Für das gute Bestehen dieser
Zwischenräume und Übergänge
wünschen wir einander den
langen Atem Gottes.

4. Entbehrtes und Ersehntes

Zusagen

Gott segne dich und
alle deine Lieben,
er segne dich mit
allem, was das Herz
erfreut und stärkt.

Gott segne dich und
alle deine Sorgen,
er segne dich mit
allem, was dir hilft
auf deinem Weg.

Gott segne dich und
alle deine Träume,
er segne dich mit
allem, was dir rät,
sie auch zu leben.

Gott segne dich und
alle deine Freuden,
er segne dich mit
allem, was dir glückt.

Gott segne dich und
alle deine Leiden,
er segne dich mit
allem, was dich tröstet.

Gott segne dich und
alle deine Fragen,
er segne dich mit
allem, was dir dient.

Gott segne dich und
alle deine Ängste,
er segne dich mit
allem, was dir guttut.

Gott segne dich und
alle deine Zweifel,
er segne dich mit
allem, was dich freut.

Gott segne dich und
alle deine Freunde,
er segne dich mit
allem, was du liebst.

Die Kunst, die Zeit zu ehren

Wir können sie üben,
die Kunst, die Zeit zu ehren,
indem wir sie achten und schätzen,
nicht leichtfertig beschimpfen.

Wir können sie pflegen,
die Kunst, die Zeit zu ehren,
indem wir sie dankbar empfangen,
nicht geizig an ihr hängen.

Wir können sie empfehlen,
die Kunst, die Zeit zu ehren,
indem wir sie bewusst einteilen,
nicht völlig verplanen.

Wir können sie erinnern,
die Kunst, die Zeit zu ehren,
indem wir sorgfältig mit ihr umgehen,
nicht mit ihr auf Kriegsfuß stehen.

Wir können es einander raten,
nicht zu vergessen, die Zeit zu
achten, zu ehren, zu schätzen
als hohes, kostbares Gut.

Tief in dir und weit über dich hinaus

Schau,
ob du es merkst,
wie deine Sehnsucht grünt,
wie sie knospt unter den Blättern!

Schau
tief in dich hinein
und weit über dich hinaus,
ob du sie spürst, die Grünkraft
deiner Sehnsucht!

Horch,
ob du sie hörst,
die leisen Töne deiner Sehnsucht
in deiner inneren Stimme!

Horch
tief in dich hinein
und weit über dich hinaus,
ob du sie ahnst, die Grünkraft
deiner Sehnsucht!

Frag,
wozu er dich weckt,
der Ruf deiner Sehnsucht
in der Melodie deines Herzens!

Frag
tief in dich hinein
und weit über dich hinaus,
ob du ihr traust, der Grünkraft
deiner Sehnsucht!

Sag,
wohin er dich lockt,
der Klang deiner Sehnsucht
im Hallraum deiner Seele!

Sag,
ob du hoffst,
dass deine Sehnsucht grünt,
urgrundtief und himmelweit
über dich selbst hinaus!

Herzenswünsche

Mein Herzenswunsch
für dich besagt, es möge
dir wohl ergehen in einem
wahrhaft erfüllten Leben, auch
in schweren Stunden und
Zeiten der Entbehrung.

Mein Herzenswunsch
für dich betont, du mögest
dir im Innersten die Gunst
des Staunens und die Kunst
des Klagens bewahren, um
dein Leben mit Gott zu teilen.

Mein Herzenswunsch
für dich bedeutet, ich will
die Freundschaft mit dir
hegen und pflegen,
um für dich da zu sein,
wenn du mich brauchst.

Mein Herzenswunsch
für dich beteuert, Gott
möge dich auch in Zukunft
begleiten und beschützen,
damit du dich stets auf ihn
und mich verlassen kannst.

Alle meine Herzenswünsche
wollen und sollen dich
auf Schritt und Tritt,
an jedem Ort, zu jeder Zeit
erinnern an Gottes
überreichen Segen.

Merkst du es (noch) nicht?

Merkst du es (noch) nicht,
wie die Sehnsucht
in dir neu aufbricht?

Hörst du es (noch) nicht,
wovon die Stille
zu dir spricht?

Siehst du es (noch) nicht,
welches Gesicht dich
lächelnd anspricht?
Glaubst du es (noch) nicht,
dass Gott auch heute
mit dir spricht?

Hörst du es (noch) nicht,
in Gottes Schöpfung
sein Lieblingsgedicht?

Weißt du es (noch) nicht,
dass um Mitternacht
der neue Tag anbricht?

Spürst du es (noch) nicht,
wie du beschenkt wirst mit
Mut und Zuversicht?

Friedensbewegung

Wenn uns der Frieden wirklich
am Herzen liegt, werden wir
auch Wege suchen und finden,
noch mehr dafür zu tun.

Wenn wir vom Frieden im
eigenen Herzen beseelt sind,
können wir auch noch stärkere
Werkzeuge des Friedens werden.

Wenn die Bedrohung des Friedens
eine echte Sorge für uns ist,
werden wir auch deutlicher darauf
hinweisen und darüber sprechen.

Wenn wir uns entschiedener
am Friedensprogramm Jesu
orientieren, werden wir noch
viel glaubwürdiger dafür einstehen.

Segenswünsche

Allen Segen des Himmels
wünsche ich den vielen,
die meinen, der Himmel
habe sie vergessen und
würde nur anderen helfen.

Allen Segen der Engel
schicke ich all denen,
die denken, sie würden
sie um ihr Geleit
vergeblich anrufen.

Allen Segen der Freundschaft
erflehe ich all jenen, die auf
der Suche danach sind oder
denen eine Freundschaft
zerbrochen ist.

Allen Segen des Schweigens
erhoffe ich für diejenigen,
denen jedes Wort zu viel
ist, die taub geworden sind
vom vielen Geschwätz.

Allen Segen des Wortes
wünsche ich den vielen,
die in ihren Gesprächen
um das passende Wort
zu rechten Zeit ringen.

Allen Segen der Erde
erwarte ich für all jene,
die sich tatkräftig
einsetzen für
ihre Bewahrung.

Allen Segen will ich
wünschen und
erbitten und
empfangen und
weitergeben.

Einheit von Gegensätzen

Jeder Baum verbindet
Gegensätze zur wunderbaren
Einheit und reichen Vielfalt.

Tief eingegraben,
höchst lebendig,
ruht, verzweigt
und verästelt sich
sein Wurzelwerk.

Weit ausgestreckt,
aufrecht und erhaben
trägt der Baum das
Meisterwerk seiner
majestätischen Krone.

Wurzeln und Stamm,
Äste und Zweige
gehören wesentlich
und unzertrennlich
zusammen.

Sie dienen einander,
sie leben voneinander
und miteinander und
bilden so schlicht
und großartig
sein Wesen.

Begrüßung und Segnung

Das Fremde in mir
grüßt und segnet
das Fremde in dir.

Vertrautes und Gewohntes,
Befremdliches und Scheues,
Starkes und Schüchternes
wohnen friedlich oder
gespannt nebeneinander.

Das Gute in mir
grüßt und segnet
das Gute in dir.

Heimliches und Unheimliches,
Erstaunliches und Erschütterndes,
Erbauliches und Ergreifendes
bildet und mischt sich in
Gefühlen und Gedanken.

Das Schöne in mir
grüßt und segnet
das Schöne in dir.

Vergangenes und Jetziges,
Gegenwärtiges und Zukünftiges,
Gewesenes und Heutiges
gehören zusammen und
ergeben ein großes Ganzes.

Das Göttliche in mir
grüßt und segnet
das Göttliche in dir.

Geliebtes und Geschenktes,
Errungenes und Erlittenes,
Ersehntes und Entbehrtes
verbinden und trennen uns,
auch in guter Gemeinschaft.

Der, die, das Fremde,
das Gute, Schöne
und Göttliche in dir
und mir und in uns allen
grüßen und segnen einander.

5. Verborgenes und Entdecktes

„pace e bene“

Mit diesen beiden
Grundworten bringt
der heilige Franziskus
auf den Doppelpunkt,
worauf es ankommt.

In diesen beiden
Segensworten ist alles
enthalten und ausgesagt,
was wir im Alltag brauchen,
wovon und wofür wir wahrhaft leben.

Durch diese beiden
Verheißungsworte wird
uns alles ans Herz gelegt,
wonach es sich sehnt und strebt,
was es erhofft und heilt, nährt und stärkt.

pace e bene
Frieden und Heil,
Tag für Tag.

Atmende Sehnsucht

Du Gott der Sehnsucht,
beatme uns mit deinem
starken Strom der guten
Lebensgeister!

Beseele uns voll und ganz
mit dem Feuer deiner
göttlich ersten Liebe,
durch die wir aufblühen
wie deine Schöpfung
im Frühjahr!

Du Gott der Sehnsucht,
erleuchte uns mit deinem
himmlischen Licht der
neuen Sichtweisen!

Durchdringe uns
bis auf den Grund
mit deinem tiefen
langen Atem,
der uns erfrischt
und befreit!

Du Gott der Sehnsucht,
bewege uns mit dem
Antrieb der Leidenschaft
zu ungeahnten Ideen!

Verwandle uns
durch und durch
mit deiner anziehenden
Schöpferkraft,
die Unglaubliches
ermöglicht!

Du Gott der Sehnsucht,
befähige uns mit deiner
starken Ausstrahlung der
neuen Geistesgegenwart!

Siebenfach

Siebenfach
offenbaren sich
die Farben
des göttlichen Lichtes
unter der Sonne
für alle
menschlichen
Augen und Herzen.

Siebenfach
umfängt Gottes Weisheit
Irdisches und Himmlisches,
Göttliches und Menschliches,
Zeitliches und Ewiges.

Siebenfach
entwickelt sich
jede Woche im
Gesicht des
jeweiligen Tages.

Siebenfach
brennen die
Flammen auf
der Menorah
als Mahnmal
des Bundes für
Juden wie Christen.

Siebenfach
entfaltet sich
Gottes Nähe
sinnlich und zärtlich,
zeichenhaft ganzheitlich
in den Sakramenten
der Kirche.

Versteckspiel

Als Kind habe ich das Versteckspielen sehr geliebt. Es war einfach spannend, sich zu verstecken, um dann im guten Versteck darauf zu warten, bis man entdeckt und gefunden wird.
Aber auch umgekehrt war das Suchen der anderen, die sich versteckt hatten, eine Sache für sich. Jedes Spiel braucht Spannung; die Mitspielenden leben davon. Es macht den Reiz und die Lust am Spielen aus. In einer jüdischen Legende habe ich gelesen, dass Gott sich versteckt und oft so traurig darüber ist, dass ihn nur noch so wenige Menschen wirklich suchen. Gott hat ja bekanntlich endlos viele Möglichkeiten in seiner ihm eigenen Fantasie. So kann es meine Kreativität fördern, wenn ich mich nach den bevorzugten Verstecken Gottes in meiner Umgebung umschaue und dabei entdecke, was er sich alles hat einfallen lassen.
Mögliche Verstecke Gottes in allernächster Nähe könnten sein:

das großartige Kompliment
die Monotonie des Alltags
die bunten Farbklänge
der geniale Einfall

das ersehnte Fest
die Vorbereitungsfreude
die erhaltene Einladung
der Überraschungsgast

die (mit-)geteilte Enttäuschung
die vergossenen Tränen
das geschenkte Mitleid
der gespendete Trost

die ausgesprochene Einladung
das unerwartete Geschenk
der wunderbare Spaziergang
die geglückte Unterhaltung

die Ecken und Kanten
der Knick oder Knacks
das Vor- oder Nachspiel
die Zwischentöne

Früchte der Liebe

Früchte reifen
in der Sonne,
Menschen
durch die Liebe.

Frucht der Liebe
ist es, einen seltsamen
Mitmenschen einfach so sein
zu lassen, wie er sich zeigt.

Frucht der Liebe
ist es, eine angespannte
Situation charmant anzulächeln,
damit sie erträglicher wird.

Frucht der Liebe
ist es, sich nicht einzubilden,
alle Probleme lösen und alle
Fragen beantworten zu müssen.

Frucht der Liebe
ist es, mit sich selbst und seinen
Nächsten so wohlwollend
wie möglich umzugehen.

Blickrichtung

Richte deinen Blick
immer wieder auf den,
der dir dein Augenlicht
geschenkt und dir den
Odem eingehaucht hat,
den unsichtbar gegenwärtigen Gott!

Wenn dein Augenmerk
und deine Blickrichtung
sich auf IHN konzentrieren,
kannst du gesammelt
und besonnen durch
die Welt gehen.

Erhebe deine Augen
auf zu IHM, nach oben,
dem Ursprung und
Schöpfer des Lebens,
von wo alles Gute und
alle Hilfe für dich kommt!

So kannst du erhobenen
Hauptes den Menschen
auf Augenhöhe begegnen,
in denen ER auf dich wartet,
dich anschaut und dir
entgegenkommt!

Vielfältig verborgen

Vielfältig verborgen
sind die Wurzeln
und Kraftquellen
eines Baumes
im dunklen
Erdreich.

Reiche Frucht
bringt ein Baum
aus der Tiefe
seiner Verwurzelung
und Verbindung mit
dem Urgrund und
Ursprung.

So steht jeder Baum
für das tiefe Geheimnis
der im Verborgenen
wirkenden Kräfte,
die auch uns Menschen
wachsen und reifen
und Frucht bringen lassen.

Darum sagt uns Jesus
im Bildwort vom Weinstock,
dass wir getrennt von ihm
nichts vollbringen können.

6. Wunderbares

… unaufhaltsam

… unergründbar und
unvorstellbar
schläft und schlägt
das Wunder
des Herzens
in jedem Menschen
zwischen Himmel und Erde.

… unbegreiflich und
unbeschreiblich
bleibt das Wunder
der Keimkraft
tief verborgen
in allen Geschöpfen
zwischen Himmel und Erde.

… unbezwingbar und
unabdingbar
wirkt das Wunder
der Teilung
geheimnisvoll
in Zellen und Händen
zwischen Himmel und Erde.

Der Ton macht die Musik

Wie schön, dass wir
die Worte, die wir aus
der Musik kennen,
auch für die Farben
verwenden.

So sprechen wir von
Farbtönen und
Farbklängen, wenn
wir Bilder in ihrer
Farbgebung beschreiben.

Wir hören in der Musik
die verschiedensten
Tonarten in Dur oder Moll
und haben uns an den
jeweiligen Klang gewöhnt.

Eine einzige Farbe wie
das Grün kann sehr viele,
unterschiedliche Töne und
die damit verbundenen
Klänge haben.

Da sehen wir in einem Bild
helle und dunklere Stellen,
leuchtende oder düstere,
gedämpfte oder aufbrausende,
ruhige oder stürmische.

Der Ton macht eben nicht
nur die Musik, sondern auch
die Farbe, den Eindruck,
den Klangraum, sowohl in
der Kunst als auch in den
Landschaften der Schöpfung.

Wie schön, dass wir auch damit
so reich und vielfältig gesegnet,
beschenkt, begabt und begnadet
als kreative Menschen leben und
umgehen können.

Welch ein Segen!

Wie grün sind deine Blätter

So besingen viele Menschen
alle Jahre wieder den Tannenbaum,
wenn wir uns zu Weihnachten
an seiner Schönheit erfreuen.

Dabei erinnern wir uns daran,
dass dieser besondere Baum eben
auch dann grünt, wenn viele andere
uns nur ihre kahlen Äste zeigen.

Als Sinnbild der Hoffnung wird
er uns vorgestellt, als Mahnmal,
gut auf das kleine Pflänzchen der
eigenen Hoffnung zu achten
in unseren winterlichen Zeiten.

Gerade darin soll sie weder vergessen
noch vernachlässigt werden die
zähe und zarte Kraft der Hoffnung,
die unermüdliche Geduld, das Harren
und Hoffen gegen alles Hoffnungslose.

So betrachten wir die grünen Blätter
als Zweiglein der Gottseligkeit, wie wir
sie von „Macht hoch die Tür" kennen
als Schmuckstücke der besonderen
Art für die besondere Zeit der Weihnacht.

Einfach wunderbar

Seit Urzeiten als heilig verehrt,
verbindet jeder Baum
Himmel und Erde.

Von den tiefsten Wurzeln
bis in die äußersten Spitzen
seiner Blätter erscheint uns
jeder Baum als Majestät.

Der starke Stamm aus
dem göttlichen Urgrund
verneigt und verzweigt
sich in knorrigen Ästen.

Der in ihm fließende Saft
dient als Kraftquelle für
seine unzählig bunten
Blüten und Früchte.

O du wunderbares Geheimnis
der Wandlung und Einheit,
der Vielfalt und Fülle des Lebens!

Freundschaft mit einem Baum

Mit einem Baum habe ich
Freundschaft geschlossen,
habe ihn kräftig und zärtlich
umarmt und mich an seine
Rinde geschmiegt wie an
einen vertrauten Menschen.

So wurde jener Baum zu
meinem Baum und meinem
Freund, dessen Nähe ich
suche, um Schutz zu finden
und bei ihm zur Ruhe zu kommen,
still und leise, ohne Worte.

In seinem Schatten und unter
seinem Blätterdach
finde ich neuen Atem-
raum und stärkenden Beistand,
der mir hilft in all meiner
Atemnot und Bedrängnis.

Welch ein Geschenk, einen solchen Freund zu haben, mich an ihm zu freuen oder festzuhalten, wenn ich einen Halt brauche, mich manchmal auch an ihm zu reiben.

Meinem Freund, dem Baum, kann ich alles erzählen und anvertrauen, weil er zuhören und schweigen kann, weil er einfach ganz da ist und mich so annimmt, wie ich bin.

7. Geahntes

Überall

Hier und da,
da und dort,
kommt zu Wort
der Schweigegott.

Hier und da,
da und dort,
wirkt es fort,
sein wahres Wort.

Hier und da,
da und dort,
wohnt sein Wort
in dir vor Ort.

Immerfort
da und dort
schweigt und spricht
dein Gott im Wort.

Eingang und Ausgang

Anfang und Aufgang,
Abschied und Ende
bilden eine Einheit,
gehören zusammen.

Aller Anfang bedeutet
Aufbruch und Wagnis,
Altes hinter sich und
wirklich loszulassen.

Mit jedem ersten Schritt
gehe ich vom Bisherigen
weg und gehe auf Neues,
oft Unbekanntes zu.

Im letzten Buch der Bibel,
in der Offenbarung des
Johannes, begegnet er uns
als Alpha und als Omega.

Durch ihn und mit ihm und in ihm
als Urgrund, Ursprung und Ziel,
als Neubeginn und Vollendung
steht und fällt unser aller Leben.

Das Erwachen und die Neugier
des Anfangs sind von ihm ebenso
gesegnet wie die Wehmut, Trauer
und Dankbarkeit des Abschieds.

Wer Gott in allem sucht und sieht,
erahnt und entdeckt, wer sich darin
von ihm finden lässt, wird
überreich gesegnet.

Sie wächst

Auch wenn du es
noch nicht merkst,
sie wächst dennoch,
die grünende Sehnsucht,
im leisen Lauschen,
beim stillen Warten,
in behutsamen Schritten.

Auch wenn du es
noch nicht siehst,
sie keimt dennoch,
die Grünkraft des Lebens,

in Menschen und Tieren,
in Blumen und Bäumen,
in Kindern und Alten.

Auch wenn du es
noch nicht glaubst,
sie blüht dennoch,
die erwachende Hoffnung,
die wachsende Sehnsucht,
die wachsame Liebe,
die ersehnte Zukunft.

Auch wenn du es
noch nicht spürst,
es bricht dennoch
auf und an,
die helle Leuchtkraft,
die neue Regenbogenzeit,
das ewig junge Jetzt.

Die drei kleinen L

langsam
leise
liebevoll
Langsam
grünt und
blüht die
Sehnsucht
in den Tiefen
und Höhen
der Seele.

Leise
wächst und
reift die
Sehnsucht
bodenständig,
erdverbunden,
himmelwärts.

Liebevoll
wirkt und
bleibt die
Sehnsucht allezeit
in und bei
uns Menschen.

langsam – leise – liebevoll

Lass (dich) doch …

… ansprechen und berühren
von der Strahlkraft des Löwenzahns
oder der leuchtenden Blütenpracht
einer bunten Blumenwiese

… einladen und beflügeln
von den Klängen der Schöpfung
und Gesängen der Vögel und Menschen

… begrüßen und erfreuen
von einem duftenden Veilchen,
dem winkenden Vergissmeinnicht
oder den Knospen der Heckenrose

… erstaunen und bereichern
von den Grüntönen der Gräser,
dem Blattwerk der Farne und Sträucher

... begeistern und beruhigen
vom Gemurmel einer Quelle,
dem Plätschern des Wassers
oder dem Säuseln des Windes

... verzaubern und bewegen
vom Tanz der Schmetterlinge
und vom Summen der Bienen

... entzücken und beschenken
von den sieben Farben des Lichtes,
den Strahlen der leuchtenden Sonne,
den Sternen am nächtlichen Himmel

... lass dich doch einfach ...
und du wirst wahre Wunder erleben,
mit eigenen Augen und allen Sinnen,
in aller nächster Nähe

Gute Gründe

Die Sehnsucht hat
Gründe, von denen
die Vernunft keine
Ahnung hat.

Das Herz birgt
Gründe, die der
Verstand nicht
weiß.

Die Seele kennt
Gründe, von denen
nur ahnen kann,
wer darauf hört.

Gottes Charme

Gottes Güte,
die all unsere bangen Sorgen
und ängstlichen Zweifel umfängt,
erfreue euch.

Gottes Größe,
die unser schwächelndes Mitgefühl
und alle kleinen Schritte begleitet,
bestärke euch.

Gottes Charme,
der all unser schweres Begreifen
und Unvermögen weit übersteigt,
entlaste euch.

Gottes Nähe,
die unserem Raten und Fragen,
Klagen und Planen zuvorkommt,
beruhige euch.

Gottes Ruhe,
die unserem Tun und Lassen,
Beten und Arbeiten vorausgeht,
beseele euch.

Ich bin, der ich bin

So offenbart Gott
seinen Namen
am immerwährend
brennenden
Dornbusch
aller Zeiten,
als der ich bin ...

So übersetzt
Martin Buber
diesen Namen
mit dem Wort:
Ich bin,
wo du bist.

So, sagt Gott,
war ich schon
immer, so bin ich
und so werde ich
für immer sein,
für alle Zeit und
Ewigkeit.

So greift Jesus
den Namen Gottes
in seinen Ich-bin-Worten
auf und stellt sich vor,
indem er uns sagt:

Ich bin Licht und Quelle,
Brot und Wahrheit,
Wein und Freude,
Blut und Liebe,
Wort und Freund,
Weg und Leben.

So schaue ich
auf seine pure Präsenz,
in der ich aufatme,
aufhorche und lebe,
um IHM Antwort zu
geben und zu folgen.

8. Geschwächtes und Geschätztes

O Gott, komm mir zu Hilfe

„Herr, eile, mir zu helfen …“

Mit diesem Wortlaut wird
das Stundengebet der Kirche
während des Tages eröffnet
und begonnen.

Es ist somit der immerwährende
Hilferuf aller Menschen an Gott,
den Helfer in aller Not, auch durch
seine vielen Nothelfer auf Erden.

Dass die Hilfe Gottes möglichst
rasch kommt, dass sie herbeieilt,
unverzüglich und schnell
eintrifft und für mich eintritt.

Gottes erste Hilfe brauchen wir
in so vielen dringenden Fällen,
die wir als Notfälle kennen,
weil wir in vielerlei Nöten stecken.

Wenn ich solidarisch bete – und das meint
ja immer stellvertretend –, so
erflehe ich die göttliche Hilfe für
alle Notleidenden und Bedürftigen.

Das Bessere wählen

Wäre es nicht oft besser,
anstatt zu jammern und
zu schimpfen, zu schweigen?

Wäre es nicht oft besser,
anstatt sich zu bedauern und zu
bemitleiden, sich helfen zu lassen?

Wäre es nicht oft besser,
anstatt neidisch oder eifersüchtig
zu sein, mehr Selbstachtung zu üben?

Wäre es nicht oft besser,
anstatt sich zu ärgern und
zu beschweren, Ruhe zu bewahren?

Wäre es nicht oft besser,
anstatt andere oder sich selbst
zu ruinieren, eher aufzubauen?

Wäre es nicht oft besser,
anstatt Unmut und Groll zu
verbreiten, mehr Frieden zu stiften?

Wäre es nicht oft besser,
anstatt andere ändern zu wollen,
anzufangen, sich selbst anzunehmen?

Wäre es nicht oft besser,
anstatt über andere herzufallen,
sie eher aufzufangen und zu schützen?

Wäre es nicht oft besser,
anstatt sich und andere kleinzu-
machen, wahre Größe zu zeigen?

Das Bessere wählen
und es – mit Gottes Hilfe – auch
tatsächlich und tagtäglich tun.

Was wir können, wenn wir wollen

Wir können nicht alles,
aber manches oder sogar
einiges, auch wenn es
oft nicht viel zu sein scheint.

Wir können oft mehr, als
wir gewöhnlich meinen und
uns zutrauen oder erlauben,
wenn wir es nur wirklich wollen.

Wir können ihr trauen,
der grünenden Kraft der
Hoffnung und Zuversicht,
auch in dunklen Zeiten.

Wir können uns trauen,
mit Gottes Hilfe Schwäche
und Stärke zu zeigen und
eines im anderen zu sehen.

Wir können uns helfen
und helfen lassen, wenn
wir nicht zu hochmütig
oder fantasielos sind.

An Gottes Segen

Um den reichlichen Segen
der Sehnsucht wollen wir beten
für Arme und Verarmte,
für Mühselige und Beladene.

Um den stärkenden Segen
der Sehnsucht wollen wir bitten
für Müde und Geschwächte,
für Ängstliche und Gehetzte.

Um den tröstlichen Segen
der Sehnsucht wollen wir beten
für Enttäuschte und Mutlose,
für Traurige und Trostlose.

Um den helfenden Segen
der Sehnsucht wollen wir bitten
für Überforderte und Leidende,
für Gekränkte und Kraftlose.

Um den schützenden Segen
der Sehnsucht wollen wir beten
für Verlassene und Verwaiste,
für Fremde und Heimatlose.

Abstand gewinnen

Das wünsche ich uns,
dass wir öfter einmal
alles liegen und stehen
lassen können, um
nicht unterzugehen
im schrecklichen Horror
endlos schlechter Nachrichten.

Das wünsche ich uns,
dass wir hin und wieder
den Grauzonen des Alltags
entrinnen können, um nicht
zu vergessen, dass das Leben
nicht schwarzweiß, sondern
vielfältig bunt ist.

Das wünsche ich uns,
dass wir zwischendurch
daran denken können,
das Tempo zu entschleunigen,
die Unrast zu unterbrechen,
um aus der Kraftquelle
der Ruhe zu schöpfen.

Das wünsche ich uns,
dass wir dann und wann
genügend Abstand gewinnen,
um Widerstand zu leisten
– mit dem Beistand des Heiligen Geistes –
gegen die unsäglich unseligen
Klein- und Plagegeister dieser Zeit.

Gute Wünsche

Wohlergehen
wünsche ich
dir und mir
in allen
Wechselfällen
des Lebens.

Wohlgefühle
wünsche ich
dir und mir
als Kraftquellen
für die Strapazen
des Alltags.

Wohlstand
wünsche ich
dir und mir,
aber nicht nur
materiell und
finanziell.

Wohlsein
wünsche ich
dir und mir
in den eigenen
Räumen deines
Herzens.

Tagewerk-Segen

Wie lange dein Tag
heute auch dauert,
wie weit dein Weg
heute auch geht,
der Finger Gottes führe dich.

Wie schwer dir
deine Arbeit heute
auch fällt,
wie viel Kraft sie dich kostet,
die Hand Gottes stärke dich.

Wie gut du heute
mit deinen Nächsten
zurechtkommst, ihnen
aus dem Weg oder auf
sie zugehst,
der Arm Gottes begleite dich.

Wie sehr du dich
heute freust über
Wunderbares, wie
oft du dich ärgerst
über Furchtbares,
das Herz Gottes schlage für dich.

9. Irdisches und Himmlisches

Sehnsuchtsreich

Wenn alles mit der Sehnsucht beginnt,
wie die Dichterin Nelly Sachs es beschreibt,
dann gilt es, jeden Tag neu mit ihr anzufangen.

Wenn die Sehnsucht unser Bestes ist,
wie die heilige Katharina es uns sagt,
dann können wir nichts Besseres tun,
als genügend Raum für sie zu schaffen.

Wenn alles mit der Sehnsucht
steht oder fällt, dann können wir
uns von ihr nur tief genug beatmen,
beschenken und bestärken lassen.

Wenn es immer im Leben darum geht,
die Sehnsucht wach zu halten, können
wir uns von ihr nur inständig beunruhigen,
bewegen und beflügeln lassen.

Wenn alles eine Frage der Sehnsucht
bleibt, dann können wir sie nur als
edlen Schatz und inneren Reichtum
beharrlich und geduldig im Herzen
bewahren und üben.

Grüne Insel

Eindrucksvoll sind die Seiten
im Bilderbuch der Schöpfung
auf dieser Insel, die man mit
dem Qualitätsmerkmal
grün beschreibt.

Faszinierend spiegelt sich
der Himmel mit seinen
Wolkentürmen in Flüssen
und Gewässern.

Gutmütig weiden Schafe
und Rinder auf saftig grünen
Wiesen und wünschen ihren
Zuschauern alle Seelenruhe.

Herzerfrischend freundlich
grüßen die Bewohner dieser
Insel Gäste und Fremde mit
originellen Segenswünschen.

Was wir uns alles sagen

Ich sage mir: Ich habe Zeit.
Sage ich mir auch: Ich habe Kraft?
Ich sage mir: Ich habe Lust.
Sage ich mir auch: Ich mag nicht?

Ich sage mir: Ich kann warten.
Ich sage mir: Ich will schweigen.
Ich sage mir: Ich kann kämpfen.
Ich sage mir: Ich will bedenken.

Sage ich mir: Ich bin bereit?
Sage ich mir: Ich bin (un)glücklich?
Sage ich mir: Ich bin (un)dankbar?
Sage ich mir: Ich bin (un)zufrieden?

Ich sage mir: Ich fühle mit.
Ich sage mir: Ich gehe mit.
Ich sage mir: Ich trage mit.
Ich sage mir: Ich teile mit.

Sage ich mir: Ich bin hilfsbereit?
Sage ich mir: Ich bin motiviert?
Sage ich mir: Ich bin interessiert?
Sage ich mir: Ich bin engagiert?

Ich sage mir: Ich schaue aus.
Ich sage mir: Ich sehe ein.
Ich sage mir: Ich halte aus.
Ich sage mir: Ich bete für.

Sage ich mir: Ich verstehe (nicht)?
Sage ich mir: Ich glaube (nicht)?
Sage ich mir: Ich vertraue (nicht)?
Sage ich mir: Ich hoffe (nicht)?

Einfach so

Empfänglich,
interessiert,
aufmerksam
aufeinander
zugehen.

Unverkrampft,
absichtslos,
großzügig
miteinander
umgehen.

Frohgemut,
engagiert,
gelassen
aufeinander
eingehen.

Wohlwollend,
vorurteilsfrei,
wertschätzend
füreinander
eintreten.

Segen schicken

Den wünsche und erbitte,
schicke und schenke ich dir,
den Segen aus den höchsten
Himmelshöhen für alle Tiefs
und Untiefen deines Lebens.

Den wünsche und erbitte,
schicke und schenke ich dir,
den Segen des göttlichen Lichtes
in allem Zwielicht und Dunkel,
das dich bedrängt.

Den wünsche und erbitte,
schicke und schenke ich dir,
den Segen des dankbaren Herzens,
der dich beseelt mit großer Ruhe
und tiefem inneren Frieden.

Den wünsche und erbitte,
schicke und schenke ich dir,
den Segen der glücklichen Hand,
die anpacken und loslassen,
empfangen und halten kann.

Den wünsche und erbitte,
schicke und schenke ich dir,
den Segen der guten Geister,
mit denen du die bösen Geister
im Alltag überlisten kannst.

Den wünsche und erbitte,
schicke und schenke ich dir,
den Segen der Engel Gottes,
die das Feuer deiner Sehnsucht hüten
in den Wirbelstürmen dieser Zeit.

Den wünsche und erbitte,
schicke und schenke ich dir,
den Segen der Nothelfer Gottes,
die dir in deinen Notlagen das eine
wahrhaft Notwendige zutun.

Ja, Gott selbst gebe dir seinen
so erwünschten und erbetenen,
geschenkten und geschickten Segen.

Besonderer Dreiklang

Die drei einsilbigen lateinischen
Worte fons – Quelle, mons – Berg
und pons – Brücke stehen für
bedeutsame Orte unseres Lebens.

Wo überall haben sich mir
Quellen erschlossen, aus
denen ich schöpfen konnte.

Aus wie vielen Kraftquellen
strömt mir so viel Wertvolles,
Kostbares und Heilendes zu.

Berge sind wie Bäume; sie
strahlen aus und ziehen an;
sie verkünden ihre Botschaft
ohne Worte, lautlos, im Schweigen.

Brücken, Berge und Bäume
sind heilige Orte, die verbinden
und verbünden und weit über
sich selbst hinausweisen.

Menschen können zu Quellen
und Brücken für andere werden,
sie können wie Berge und Bäume
sein, die zur Höhe führen.

Angesicht der Schöpfung

Immer wieder fordert
Jesus uns im Evangelium
auf, in die Natur zu schauen,
von den Vögeln und Blumen
zu lernen, uns mit Bäumen
anzufreunden und durch
Weinstöcke zu verstehen,
wie wir Frucht bringen können.

Immer wieder sollen
wir betrachten, was
in der Schöpfung
geschieht, wie aus
winzig kleinen
Senf- und Samen-
körnern riesig große
Bäume wachsen.

Immer wieder geht
es darum, in Ehrfurcht
vor der Mutter Erde,
der Herrin Sonne,
der Schwester Mond,
dem Bruder Wind,
der Schwester Wasser,

dem Bruder Feuer
und einfach allen
Schöpfungsgeschwistern
staunend zu stehen.

Immer wieder kann ich
wie Franziskus und mit
ihm den Sonnengesang
anstimmen, um den zu
loben und zu preisen,
der mir in allen seinen
Geschöpfen zärtlich und
geschwisterlich begegnet.

War da nicht?

War da nicht auch viel
mehr Segen als vermutet,
in den Niederlagen und
schmerzlichsten Verlusten,
die es zu verkraften galt?

War da nicht auch noch
Segen Gottes, wo es kaum jemand
für möglich gehalten hat,
weil anscheinend alles
dagegengesprochen hat?

War da nicht auch noch
viel Segen, obwohl es
überhaupt nicht danach
ausgesehen hat?

War da nicht auch noch
Gott am Werk, wo es
ihm niemand mehr
zugetraut hat?

War da nicht auch noch
die Hand Gottes im Spiel,
als alle gedacht haben,
es sei alles verloren?

10. Gewachsenes

Frühjahr

Welch schöner Name
für diese besondere Zeit
des Jahres, die von vielen
so sehr herbeigesehnt wird.

Welch wohlklingendes Kompliment
für das langsame, aber doch
unaufhaltsame Erwachen
im Garten Gottes, in der Natur.

Welch erhebende Botschaft
für so viele neu erscheinende
Wunder in den Gesichtern der
Landschaften und Menschen.

Welch vorzüglicher Ehrentitel
für erhellende Farbtöne vom
frischen Hoffnungsgrün der Erde bis
zum lichten Himmelblau am Firmament.

Welch großartige Einladung
für uns Menschenkinder, die
wir uns freuen können auf all das,
was uns das Frühjahr jetzt verheißt.

Gärten Gottes

Viele Gärten hat uns der Schöpfer
auf dieser Erde geschenkt, damit
wir uns in ihnen erholen von den
Lasten des Lebens und erfreuen
an ihrer herrlichen Schönheit.

Jeder Garten, ob Kindergarten
oder Tiergarten, ob Gemüse-,
Blumen-, oder Steingarten, ist ein
Biotop, ein Ort der Begegnung, der
Entfaltung und Erhaltung des Lebens.

In welchen Gärten deiner Geschichte
auch immer du gespielt und geträumt,
getanzt und gesungen hast, es war
die Sehnsucht, die dort grünte und
dich zum Lieben erweckte.

Immer sind Gärten Lebensräume,
die wir Menschen schätzen und
schützen, hegen und pflegen im
Kreislauf von Säen und Ernten,
Wachsen und Reifen,
Werden und Vergehen.

Die erste blühende und fruchtbare
Landschaft der Bibel ist der Garten
des Paradieses, aus dem wir vertrieben
wurden, in dem sich aber unser
Leben dereinst auch vollenden soll.

In einem jeden Garten stehst du auf
heiligem Boden, wo die Stimme Gottes
durch alle Geräusche im Schweigen
und Staunen zu dir spricht:
Fürchte dich nicht!

Kaum zu glauben

Kaum zu glauben,
aber dennoch wahr,
wie sie keimt und grünt,
wie sie wächst und reift,
die Saat der Sehnsucht
in dir und mir
und allen Menschen.

Kaum zu glauben,
aber wohl erfahrbar,
wie sie wacht und schaut,
wie sie lockt und mahnt,
die Spur der Sehnsucht
in dir und mir
und allen Menschen.

Kaum zu glauben
und so wunderbar,
wie er lebt und ruht,
wie er trifft und greift,
der Schatz der Sehnsucht
in dir und mir
und allen Menschen.

Kaum zu glauben
und so geheimnisvoll,
wie sie weckt und strahlt,
wie sie wirbt und wirkt,
die Kraft der Sehnsucht
in dir und mir
und allen Menschen.

Lieblingsmenschen

Gefragt sind Menschen,
die unverzagt und frohgemut,
zuversichtlich und vertrauensvoll
nach vorne und nach denen
schauen, die in ihrer Nähe sind.

Gesucht sind Menschen,
die sehnsuchtsstark und tapfer,
erwartungsvoll und begeistert
neue Wege wagen, auf denen
Gott zum Vorschein kommen kann.

Gebraucht werden Menschen,
auf die man sich verlassen kann,
die bereit sind, anzupacken und nicht
nur schöne Worte machen, sondern
ihren Glauben ins Handeln übersetzen.

Gesegnet sind Menschen,
die freundlich und gelassen,
heiter und originell
sich vom Ärger nicht anstecken
lassen, sondern ihn überwinden.

Das Evangelium im Gesicht

Ersehnt sind Frauen und Männer,
die sich einbringen, aber auch zurück-
nehmen können, die nicht gleichgültig
wegschauen, sondern kritische Fragen
stellen und wunde Punkte benennen.

Erwünscht sind Schwestern und Brüder,
die verstehen, was es heißt, wahrhaft
geschwisterlich miteinander umzugehen
in der glaubwürdigen Nachfolge Jesu.

Erbeten sind Junge und Alte,
die bereit und interessiert sind,
voneinander zu lernen und sich
über gute gemeinsame neue
Erfahrungen zu freuen.

Erstrebenswert sind Begegnungen
und Gemeinschaften, in denen das
Klima von gegenseitigem Vertrauen
und Wohlwollen geprägt ist.

Eine Seele von Mensch

Welch ein Segen,
wenn jemand es versteht,
Kritik so zu üben, dass sie
nicht nach Vorwurf, sondern
nach Rückmeldung klingt.

Welch ein Segen,
wenn jemand nicht spöttisch
oder selbstgerecht auf andere
herabschaut, sondern ihnen
auf Augenhöhe begegnet.

Welch ein Segen,
wenn jemand offen und spontan
seine Meinung sagt, dabei aber
ebenso die der anderen schätzt
und gleichberechtigt gelten lässt.

Welch ein Segen,
wenn jemand nicht launisch
oder griesgrämig, neidisch oder
schadenfroh die Vorzüge und
Vorteile anderer schlechtmacht.

Lebensqualitäten

gewissenhaft
und zielstrebig,
aber nicht rigoros
oder zwanghaft.

informiert und
gebildet, aber nicht
arrogant oder
eingebildet.

einfühlsam und
zugewandt, aber
nicht betulich
oder vereinnahmend.

freundlich und
humorvoll, aber
nicht lächerlich
oder peinlich.

ernsthaft und
fleißig, aber
nicht selbstherrlich
oder pingelig.

mutig und
mächtig, aber
nicht übermütig
oder allmächtig.

Besuchsdienst(e)

In vielen Gemeinden
engagieren sich Leute
in unterschiedlichen
Besuchsdiensten.

Sie besuchen
neu Zugezogene und
Fremde, Kranke, Alte
und Menschen mit
Behinderungen.

Das sind wertvolle
Zeichen einer gelebten,
geübten und lebendigen
Gastfreundschaft, einem
christlichen Grundgebot.

In vielfältigen Beispielen
erzählt uns die Bibel
Geschichten von Menschen,
die einander besucht haben.

Oft kommen dabei auch –
geheimnisvoll und wunderbar –
Engel ins Spiel, in welcher
Rolle auch immer.

Jahresringe

In wachsenden Ringen
leben wir unser Leben,
in Kreisen, die sich
öffnen und schließen.

Dabei sind wir an
bestimmten Punkten oft
erstaunt oder überrascht,
betroffen oder erschrocken.

So geht der Weg durch
die Zeit unserer Jahre,
die wir durchleben und
schätzen oder auch zählen.

Im Psalm 90 heißt es, dass
wir ein weises Herz gewinnen,
wenn wir die Kunst üben,
unsere Jahre zu zählen.

Gezählt sind sie längst schon,
bevor wir es tun, von dem,
der alle Sterne des Himmels
und im Weltall mit Namen kennt.

Wurzelwerk

Verborgen im Schoß
unserer Mutter Erde,
stecken die Wurzeln,
die oft viel länger
und größer sind
als die sichtbaren
Äste und Zweige.

Verbunden mit dem
unerschöpflichen
Urgrund, aus dem
geheimnisvoll
alles Leben erwächst
und entsteht, sich
entfaltet und gestaltet.

Gehalten im tiefen
Erdreich, schöpft
der Baum aus den
Wurzeln alle Kräfte
und Säfte für sein
blühendes und
fruchtbares Leben.

Schau auf diesen Baum

Wenn du lange genug
auf einen Baum schaust,
kann er dir manches von seiner
tröstlichen Weisheit anvertrauen.

Wenn du dich von ihm
erstaunen lässt, wirst du in ihm
– wie in einem Spiegel –
Verborgenes im Sichtbaren erkennen.

Du staunst über den Stamm-
und Lebensbaum deiner
Geschichte mit ihrem Wachsen
und Werden, Reifen und Vergehen.

Du wunderst dich über vielfach
verborgene, wohl aber wirksam
wechselvolle Beziehungen,
Einflüsse und Verbindungen.

In seinem Licht und seinen Schatten
begegnen dir viel Glanz und Pracht,
auch Tränen von so mancher Nacht,
aus den Schätzen deiner Erinnerung.

Es mag sein Holz dein Herz berühren,
in dem so manch Geheimnis
du dir hast bewahrt und gut gehütet.

Von mancher Härte kann es sprechen,
doch auch von wunderbarer Wendung,
die dir der Himmel hat geschickt.

Die Krone kann an manchen Sieg
in deinem Leben dich erinnern, ohne
die Niederlagen zu verschweigen.

Schau auf zu einem Baum und lasse
deinen Blick noch lange auf ihm ruhen,
so fängt die Sehnsucht in dir an zu
wachsen, nach Großem und Erhabenem.

So steigt aus deiner tiefsten Seele
ein Danklied auf, ein Lobgebet,
für alles, wofür dieser Baum da steht.

Grünende Sehnsucht

Grünen kann deine Sehnsucht
nur dann, wenn du sie atmen
lässt und nicht mit Belanglosem
erdrückst oder erstickst.

Grünen kann deine Sehnsucht
nur dort, wo du gut darauf achtest,
dass sie genug geschützten
Raum in dir selbst bekommt.

Grünen kann deine Sehnsucht
nur dann, wenn du ihr die nötige
Zeit lässt, auch im Widrigen
zu keimen und zu wachsen.

Grünen kann deine Sehnsucht
nur dort, wo du ihr den Boden
dafür bereitest, indem du ihn
bearbeitest, düngst und nährst.

Grünen kann deine Sehnsucht
nur dann, wenn du sie – wie ein
zartes Pflänzchen – auch gebührend
schätzt und schützt, hegst und pflegst.

Grünen kann deine Sehnsucht
nur dort, wo du sie aufschauen
lässt in die endlos tiefe Weite des
Wolken- oder Sternenhimmels.

Krone und Krönung

Eine Krone zu tragen,
ist Zeichen der Majestät,
des Erhabenen und
Göttlichen, dem Himmel
näher als der Erde.

Kunstvoll gewirkt,
wie die von Königinnen
und Kaisern, sind die
Kronen der Bäume als
Hoheiten der Schöpfung.

Stark verzweigt
und weit verästelt
applaudieren Äste und
Zweige durch ihr edles
Spiel ihrem Schöpfer.

Im Rauschen des Windes
lassen sie ihr Loblied
erschallen oder erzittern
im heftigen Sturm vor
den Gewalten der Natur.

So geben sie dem die Ehre,
dem sie gebührt, und sprechen
Tag und Nacht, bei Sonne und
Regen in ihrem Schweigen
von seiner Größe und Allmacht.

In allem erweisen sich die
gekrönten Häupter der Bäume
als wahrhaft hochwürdig und
zutiefst demütig im Tragen
ihrer Bürden und Lasten.

Kreise ziehen

Gezogene Kreise,
gewachsene Ringe,
geformte Gebilde
des Schöpfers in
seinen Geschöpfen,
wie Wasser und
Bäumen und Leben
von Menschen.

Gerundete Formen
in vielen Variationen
von Äpfeln und Nüssen,
Tomaten und Kirschen,
Kürbissen und Zwiebeln,
Zwetschgen und Knollen,
Bällen und Kreiseln
und vielerlei Spielzeug.

Gebildete Kreise
bei Gruppen von Menschen,
die sich um eine Mitte scharen
und sammeln, im Austausch
und Teilen ihrer Gedanken
und Fragen, ihres Lebens
und Glaubens, ihrer Freude
und Hoffnung, Trauer und Angst.

Gesammelte Meinungen,
gewonnene Erfahrungen,
geschenkte Gemeinschaft
mit verschiedenster Herkunft
und ungewisser Zukunft,
Fremdem und Vertrautem,
Göttlichem und Menschlichem
in einer jeden Person.

11. Gereiftes

Übergangszeiten

Nicht nur die Klassiker der
vier Jahreszeiten begleiten
uns durch den Jahreskreis,
sondern auch die besagten
Übergangszeiten.

Damit gemeint sind jene
Zeiten, die man auch oft
mit der Vorsilbe „Früh“ oder
„Spät“ betitelt, um sie
besser zu charakterisieren.

So kann ein Frühsommer
auch als Spätfrühjahr erscheinen
oder ein Spätsommer als früher
Herbst oder der Spätherbst auch
als früher Winter daherkommen.

Wobei ja der Spätsommer
bei uns einen ganz besonderen
Ehrennamen trägt, der uns daran
erinnert, wie schön nicht nur das
Junge, Frische und Knackige ist,
sondern auch Spätes und Gereiftes.

Herzensbildung

Du Gott der Liebe
und aller Liebenden,
forme unsere Herzen
durch die Wesenszüge
deines tiefen Erbarmens.

Du Gott des Lebens
und aller Lebenden,
erschaffe uns ein
neues, ein hörendes
und liebevolles Herz.

Du Gott der Schöpfung
und aller Geschöpfe
vertiefe und erweitere
unser manchmal so
ängstlich banges Herz.

Du Gott der Farben
und aller Farbenfrohen,
erfrische und erheitere
unser hin und wieder
tristes und müdes Herz.

Du Gott der Herzen
und der Herzmenschen,
läutere unsere Herzen
von allem Unrat und
jeglicher Unart des Bösen.

Du Gott des Feuers
und der Feurigen,
entzünde in unseren
Herzen die Glut deiner
ewig ersten Liebe.

Du Gott des Geistes
und der Geistreichen,
öffne die Augen und Ohren
in unseren Herzen, damit wir
hören und sehen lernen.

Du Gott des Trostes
und der Tröstenden,
schenke unseren Herzen
jenen Frieden, den die Welt nicht
geben und nicht nehmen kann.

Neubeginn

Im Leben fängt man
dann und wann
wieder mal
von Neuem an,
so sagen wir es,
so tun wir es auch.

Jeder Neubeginn
hat mit dem zu tun,
woraus er entsteht,
woher er kommt,
wem ich ihn
verdanke.

Im Leben merkt man
dann und wann,
jetzt fängt etwas
Neues an, in mir,
in dir, mit mir,
mit dir.

Jeder Neubeginn
ist eine Gnade,
ein Geschenk,
das ich weder
verdienen noch
bezahlen muss.

Zum Wohl!

Das Wort kennen
wir als Trinkspruch,
wenn wir in froher
Runde das Glas erheben.

Es bedeutet:
Anerkennung,
Zusage und Zustimmung,
Glückwunsch.

Es verdeutlicht:
Wertschätzung,
Danksagung,
Bestätigung und
Bestärkung.

Es meint:
Kompliment,
Freundschaftsbekundung und
Liebeserklärung.

Es verspricht:
Ermutigung,
Herzensgüte,
Seelentreue,
Segensfülle.

Hartes Holz

Abgehärtet,
aber nicht
verhärtet,
zeigt sich
das harte
Holz.

Durch
sämtliche
Winde und
Witterungen,
Wetterlagen
und Stürme
ist es gewachsen
und so geworden,
das harte Holz.

An unzähligen
Standorten
haben Bäume
mit ihrem harten
Holz standgehalten,
Widerstand geleistet,

Beistand geschenkt
all denen, die sich
unter ihr schützendes
Obdach gestellt haben.

Gott hat das harte Holz
der Krippe und des Kreuzes
nicht gescheut, sondern
erwählt, um uns darin
in den Härten und Leiden
des Lebens nahe zu sein.

Segen der Sehnsucht

Wer in Sehnsucht atmet
in vielen Atemnöten dieser Zeit,
ist ein Segen und wird zum Segen.
Wer in Sehnsucht wartet
in der großen Ungeduld
unseres Lebens, birgt
und bringt reichen Segen.

Wer in Sehnsucht aufschaut
bei all dem Bedrückenden
und Belastenden des Alltags,
setzt ein Zeichen des Segens.

Wer in Sehnsucht ausharrt
in den vielfachen Engpässen
und Enttäuschungen, spendet
Trost und Freiraum des Segens.

Wer in Sehnsucht sich öffnet
bei allem Unzulänglichen
und Unzugänglichem, weitet
und vertieft die Kraft des Segens.

Wer in Sehnsucht betet
in allen unerhörten Rufen
sendet Signale des Segens.

Das Alter(n)

Das Altern ist das eine,
das Alter das andere.
Darum sprechen wir
gerne vom hohen und
gesegneten Alter.

Aber hat das Altern
nicht auch viele Seiten,
die oft gar nicht schön
und bequem, sondern
sehr unangenehm sind?

Es ist nicht schön, seine
Selbstbestimmung zu
verlieren und immer
anfälliger und hinfälliger
zu werden, oft genug
mit Stürzen und Brüchen.

Es ist nicht schön, mehr
und mehr angewiesen
und abhängig zu sein
von der Hilfe und Pflege
anderer Personen.

Dennoch bleibt gerade das Alter
in den Augen der Bibel
– wie letztlich alles im Leben –
eine Gabe Gottes, dem
allerhöchster Respekt gebührt.

Gesegnet seien daher die Alternden
und Alten, ob sie es gern oder
widerwillig sind, ob sie es schätzen
oder verabscheuen, lieben oder
vielmehr darunter leiden.

Gesegnet alle, die sich ihnen
zuwenden und zuneigen, ihnen
zuhören und zugestehen, so sein
zu dürfen, wie sie geworden sind.

Gesegnet alle, die in der Lage sind,
den müden Augen der Alten jenen
Glanz der keimenden Sehnsucht zu
entlocken, der an die erste Liebe
erinnert, die zwar längst vergangen,
aber dennoch bleibt.

Was bleibt?

So fragen wir uns manchmal,
wenn uns aufgeht, wie schnell
die Zeit vergeht, wie rasch
doch unsere Tage verfliegen.

Darum lehrt uns die Weisheit
im Psalm 90, unsere Tage
zu zählen, die so einmalig
kostbare Zeit zu achten,
zu ehren und zu schätzen.

Bleiben, so sagt uns Jesus
in seinen Abschiedsworten,
sollen wir in seiner Liebe,
in seiner Treue und Freude,
in seinem tiefen Erbarmen.

Was bleibt, stiften darum
immer neu die Liebenden,
die das verwundbare Herz
dem harten und kalten
vorziehen.

Weißt du, wie viel ...?

So beginnt das bekannte
Kinder-Gute-Nacht-Lied,
das auch für Erwachsene
sehr wertvolle Fragen und
Aussagen formuliert.

Wir können, davon ausgehend,
so manches auf die Bäume
übertragen, die uns umgeben
und weit in den Himmel ragen.

Wer weiß, wie viele Namen
wir Menschen den Bäumen
gegeben haben, um sie zu
bezeichnen und zu unterscheiden?

Wer weiß, wie viele Menschen
unter einem Baum Trost und
Schutz gefunden, wie viele
ihnen Halt gegeben haben?

Wer weiß, wie viele Bäume
Menschen zu so guten Freunden
geworden sind, mit denen
man sich schweigend versteht?

Wer weiß, wie viele Kinder
auf wie viele Bäume geklettert
sind, um in ihren Kronen zu
spielen oder sich zu verstecken?

Wer weiß, wie viele Menschen
sich von einem Baum haben in
seinen Bann ziehen lassen und von
seiner Majestät überwältigt waren?

Wer weiß, wie viele Liebende
unter einem Baum einander so
nahe gekommen sind, dass ihre
Herzen höher geschlagen haben?

12. Segensreich(es)

Jahreszeitensegen

Alle Boten des Frühlings
mögen uns wie die Engel
des Himmels aus dem
Winterschlaf wecken,
damit wir mit wachen
Sinnen ihre Spuren
überall entdecken.

Alle Kräfte des Sommers
mögen uns wie die Strahlen
des Lichtes im Grauerlei
des Alltagstrotts überraschen,
damit wir der Einladung folgen,
als seine befreiten Königskinder
frohe Freundschaft mit ihm zu feiern.

Alle Farben des Herbstes
mögen uns wie die Künstler
mit ihren Bildern auf neue
Wege locken, um die bunte
Vielfalt in den Gärten Gottes
niemals zu vergessen und
mit Leib und Seele zu genießen.

Alle Kleider des Winters
mögen uns wie die Kinder
im Advent mit ihren wartenden
Augen und vielen Wünschen
besinnlich und nachdenklich
stimmen, um Gottes leise Klänge
im eigenen Herzen zu erlauschen.

Segensbotschaft

Lass dich fragen,
wo der Segen denn
herkommt, wie er
denn wirkt, wohin
er dich führt!

Lass dir sagen,
wie der Segen dich
trägt und behütet,
wie er dich stützt
und beschützt!

Lass dich fragen,
was der Segen dir
sagt und bedeutet,
worauf er dich
hinweist und lenkt!

Lass dir sagen,
wo der Segen denn
vorkommt, wie er
dich anrührt und
im Herzen erfüllt!

Segensspende

Segen spenden
mit offenen Augen
und beiden Händen.

Segen spenden,
durch Anteilnehmen,
Not lindern und wenden.

Segen spenden
mit hellen Blicken
und zarten Händen.

Segen spenden,
mehr Frieden stiften,
den Kleinkrieg beenden.

Segen spenden
mit guten Worten
und starken Händen.

Segen spenden,
Gott und Mensch ehren,
an Ecken und Enden.

Segen spenden
im Loben und Danken,
mit betenden Händen.

Segen …

Segen bringen,
Segen werden,
Segen sein.

Segen erbitten,
Segen ersehnen,
Segen erflehen.

Segen empfangen,
Segen ausstrahlen,
Segen verschenken.

Segen erringen,
Segen erlangen,
Segen erteilen.

Segen wünschen,
Segen stiften,
Segen spenden.

Segen entdecken,
Segen erfahren,
Segen verdanken.

Segenswünsche

Ja, das wünsche ich uns,
dass wir uns trauen,
nachts zu den Sternen
aufzuschauen.

Ja, das wünsche ich uns,
dass wir uns stärken,
unsere Wunden nicht
zu verbergen.

Ja, das wünsche ich uns,
dass wir uns helfen,
unsere Hoffnung nicht
zu verwerfen.

Ja, das wünsche ich uns,
dass wir uns trauen,
aus Stolpersteinen
Brücken zu bauen.

Segenslieder

Segenslieder sind
Gesänge für Menschen, die
aufgebrochen sind aus vielfacher Knechtschaft,
zu neuen Ufern und Zielen.

Segenslieder sind
Gesänge der Befreiung
auf den langen Wegen
in die Freiheit, zu der
Gott uns beruft, die uns
lockt und auch schreckt.

Segenslieder sind
Gesänge der Seelen,
die, von der Sehnsucht
bewegt und gedrängt,
nicht einfach alles beim
Alten belassen wollen.

Segenslieder sind
Gesänge für Gleichgesinnte,
die geschwisterlich,
freundlich und solidarisch miteinander
unterwegs bleiben.

Segens-fülle

Einem jeden Menschenkind
schickt Gott seinen Engel
mit auf seine Lebensreise,
als Schutz und Segen.

Jedes Sorgenkind der Erde
behält Gott wohlwollend
im Auge in den drohenden
Gefahren für Leib und Seele.

Jedem Stiefkind dieser Welt
reicht Gott die Hand, um jeden
Tag an jedem Ort den Bund
der Freundschaft neu zu schließen.

Als Kinder seines Lichtes hat
Gott uns auserwählt, gesegnet
mit den Gaben seines Geistes,
vor allen anderen Geschöpfen.

Sein Segen
wohnt als Bild,
ruht als Klang,
wirkt als Wort
in unsrer Seele.

Sein Segen
liegt als Spur,
wacht als Traum,
wächst als Wunsch
in unsrem Herzen.

Sein Segen
kommt als Kraft,
geht als Ruf,
bleibt als Stern,
mit uns auf
allen unsren
Wegen.

Einfach Segnen

Segnen
Brot und Wein,
Tisch und Stuhl,
Haus und Hof.

Segnen
Begegnung und Gemeinschaft,
Mahlzeiten und Getränke,
Gespräche und Geschenke.

Segnen
Frau und Mann,
Kind und Greis,
Raum und Zeit.

Segnen
Freunde und Fremde,
Feiern und Feste,
Gaumen und Gäste.

Segnen
Wege und Worte,
Zeichen und Orte,
Kräuter und Blumen.

Segnen
Bilder und Brücken,
Gärten und Kerzen,
Schöpfung und Wetter.

Segenszeichen

Ein Zeichen des Segens
möge dich erfreuen, wenn du deine Augen
zum Himmel erhebst,
um über die Unendlichkeit
des Weltalls und Gottes zu staunen.

Ein Zeichen der Hoffnung
möge dich ermutigen, wenn
du müde und traurig den
Kopf hängen lässt und meinst,
es sei doch alles vergeblich.

Ein Zeichen der Freude
möge dich beflügeln, wenn
du dich an nichts mehr freuen
kannst und dich oft schweren
Herzens aufraffen musst.

Ein Zeichen des Segens
möge dich erheitern, wenn
du vergessen hast, wie bunt,
wie schön und interessant das
Leben auf Gottes einer Welt ist.

Grüner Zweig des Segens

Sei(d) gesegnet
mit dem grünen Zweig
des Olivenbaums, durch den
die Taube das Ende der Flut
und den Anfang des neuen
Bundes verkündet.

Sei(d) gesegnet
mit dem grünen Zweig
unverwüstlicher Hoffnung,
durch die wir alltagstauglich
und zukunftsfähig werden.

Sei(d) gesegnet
mit dem grünen Zweig
des Lorbeerbaums, der als
Siegeszeichen auch heute den
Unverzagten und Tapferen gebührt.

Sei(d) gesegnet
mit dem grünen Zweig
des Friedens, der an alle
erinnert, die sich mit Herzblut
tatkräftig dafür einsetzen.